Impressum
Verlag: BABADADA GmbH, Nedderfeld 112 , 22529 Hamburg
Geschäftsführer / Verlagsleitung: Harald Hof
Druck: Books on Demand GmbH, In de Tarpen 42, 22848 Norderstedt

Imprint
Publisher: BABADADA GmbH, Nedderfeld 112 , 22529 Hamburg, Germany
Managing Director / Publishing direction: Harald Hof
Print: Books on Demand GmbH, In de Tarpen 42, 22848 Norderstedt

klasa
classroom

pjesëtim
divide

186/2

tabela
board

oborr shkolle
school yard

mësues
teacher

letër
paper

shkruaj
write

stilolaps
pen

tavolinë
desk

vizore
ruler

libri
book

nxënës
pupil

çantë
satchel

mbajtëse lapsash
pencil case

laps
pencil

mprehës lapsash
pencil sharpener

gomë
rubber

fletore vizatimi
drawing pad

vizatim

drawing

penel

paintbrush

kuti bojërash

paint box

gërshërë

scissors

ngjitës

glue

fletore detyrash

exercise book

detyrë shtëpie

homework

numër

number

2+2

mbledh

add

5-2

zbres

subtract

2×2

shumëzoj

multiply

llogaris

calculate

A

gërmë

letter

ABCDEFG
HIJKLMN
OPQRSTU
VWXYZ

alfabeti

alphabet

fjalë

word

tekst

text

lexoj

read

shkumës

chalk

mësim

lesson

regjistër

register

provim

examination

çertifikatë

certificate

uniformë shkolle

school uniform

arsimim

education

enciklopedia

encyclopedia

universitet

university

mikroskop

microscope

hartë

map

kosh letrash

waste-paper basket

hotel
hotel

bujtinë
hostel

pikë këmbimi valutor
currency exchange office

valixhe
suitcase

makinë
car

gjuhë

language

po / jo

yes / no

Në rregull

Okay

ç'kemi

hello

përkthyes

translator

Faleminderit

Thank you

sa kushton...?

how much is...?

nuk e kuptoj

I don´t get it

problem

problem

Mirëmbrëma!

Good evening!

Mirëmëngjes!

Good morning!

Natën e mirë!

Good night!

mirupafshim

goodbye

drejtim

direction

bagazhet

luggage

çantë

bag

çantë shpine

backpack

mysafir

guest

dhomë

room

thes gjumi

sleeping bag

tendë

tent

informacion për turistët

tourist information

plazh

beach

kartë krediti

credit card

mëngjes

breakfast

drekë

lunch

darkë

dinner

Biletë

Ticket

ashensor

elevator

pulla

stamp

kufi

border

doganë

customs

ambasadë

embassy

vizë

visa

pasaportë

passport

aeroplan
airplane

anije
ship

makinë zjarrfikëse
fire truck

kamion
truck

autobus
bus

motoskaf
motorboat

makinë
car

biçikletë
bike

traget

ferry

varkë

boat

motoçikletë

motorbike

makinë policie

police car

makinë garash

racing car

makinë me qira

rental car

ndarje e qirasë së makinës

car sharing

karroatrec

tow truck

makinë plehrash

garbage truck

motor

engine

benzinë

fuel

pikë karburanti

fuel station

sinjalistikë trafiku

traffic sign

trafik

traffic

bllokim trafiku

traffic jam

parkim makinash

parking lot

stacion treni

train station

trase

tracks

tren

train

tramvaj

tram

karro

wagon

helikopter

helicopter

aeroport

airport

kullë

tower

pasagjer

passenger

kontenier

container

kuti kartoni

carton

qerre

cart

shportë

basket

ngrihem / ulem

take off / land

qytet
city

fshat

village

qendra e qytetit

city center

shtëpi

house

kinema
movie theater

publicitet
advert

drita për ndricim rrugësh
street light

rrugë
street

taksi
taxi

kioskë
snack shop

këmbësorë
pedestrian

trotuar
sidewalk

vijat e bardha
zebra crossing

kosh plehërash
dumpster

kryqëzim
crossing

semafor
traffic lights

kasolle

hut

apartament

apartment

stacion treni

train station

bashki

city hall

muze

museum

shkolla

school

universitet

university

bankë

bank

spital

hospital

hotel

hotel

farmaci

pharmacy

zyrë

office

librari

book shop

dyqan

shop

dyqan lulesh

flower shop

supermarket

supermarket

market

market

mapo

department store

dyqan peshku

fishmonger's shop

qëndër tregtare

mall

port

harbor

park

park

stol

bench

urë

bridge

shkallë

stairs

metro

subway

tunel

tunnel

stacion autobuzi

bus stop

bar

bar

restorant

restaurant

kuti postare

postbox

sinjalistikë rrugore

street sign

kohëmatës parkimi

parking meter

kopsht zoologjik

zoo

pishinë

swimming pool

xhami

mosque

fermë	ndotje	varrezë
farm	pollution	cemetery
kishë	shesh lojërash	tempull
church	playground	temple

peisazh
landscape

gjethe
leaf

tabela orientuese
signpost

rrugë
path

livadh
meadow

gurë
stone

ekskursionist
hiker

pemë
tree

lumë
river

bar
grass

lule
flower

luginë

valley

kodër

hill

liqen

lake

pyll

forest

shkretëtirë

desert

vullkan

volcano

kështjellë

castle

ylber

rainbow

kepudhë

mushroom

palmë

palm tree

mushkonjë

mosquito

mizë

fly

milingonë

ant

bletë

bee

merimangë

spider

brumbull

beetle

bretkosë

frog

ketër

squirrel

iriq

hedgehog

lepur

hare

buf

owl

zog

bird

mjellmë

swan

derr i egër

boar

dre

deer

dre brilopatë

moose

digë

dam

turbinë ere

wind turbine

panel diellor

solar panel

klimë

climate

kamarier
waiter

menu
menu

karrige
chair

pica
pizza

supë
soup

set ngrënieje
cutlery

mbulesë tavoline
tablecloth

pjatë e parë
....

starter

pjatë kryesore
....

main course

ëmbëlsirë
....

dessert

pije
....

drinks

ushqim
....

food

shishe
....

bottle

ushqim i shpejtë

fast food

ushqim i shërbyer në rrugë

street food

ibrik çaji

teapot

kuti sheqeri

sugar bowl

racion

portion

makinë kafeje ekspres

espresso machine

karrige e lartë

high chair

faturë

bill

tabaka

tray

thika

knife

pirun

fork

lugë

spoon

lugë çaji

teaspoon

pecetë

serviette

gotë

glass

restorant - restaurant

pjatë

plate

pjatë supe

soup plate

pjatë filxhani

saucer

salcë

sauce

mbajtëse kripe

salt shaker

mulli piperi

pepper mill

uthull

vinegar

vaj

oil

erëza

spices

keçap

ketchup

mustardë

mustard

majonezë

mayonnaise

ofertë speciale
special offer

klient
customer

produkte bulmeti
dairy products

frut
fruit

karrocë pazari
shopping cart

dyqan mishi

butcher's shop

furrë buke

bakery

peshoj

weigh

perime

vegetables

mish

meat

ushqim i ngrirë

frozen food

copë

cold cuts

ushqim i konservuar

canned food

pluhur larës

detergent

ëmbëlsirat

candy

prodhime shtëpie

household products

produkte pastrimi

cleaning products

shitëse

sales representative

kasë fiskale

cash register

arkëtar

cashier

listë blerjeje

shopping list

oraret e punës

opening hours

portofol

wallet

kartë krediti

credit card

çantë

bag

qese plastike

plastic bag

pije
drinks

ujë

water

lëng frutash

juice

qumësht

milk

koka-kola

coke

verë

wine

birrë

beer

alkool

alcohol

kakao

cocoa

çaj

tea

kafe

coffee

kafe ekspres

espresso

kapuçino

cappuccino

banane

banana

mollë

apple

portokalle

orange

pjepër

melon

limon

lemon

karrotë

carrot

hudhër

garlic

bambu

bamboo

qepë

onion

kërpudha

mushroom

arra

nuts

makarona

noodles

spageti

spaghetti

oriz

rice

sallatë

salad

patate të skuqura

fries

patate të skuqura

fried potatoes

pica

pizza

hamburger

hamburger

sanduiç

sandwich

shnicel

escalope

proshutë

ham

sallam

salami

salçiçe

sausage

pulë

chicken

skuq

roast

peshk

fish

tërshërë
porridge oats

drithëra
muesli

kornfleiks
cornflakes

miell
flour

kruasant
croissant

panine
bread roll

bukë
bread

tost
toast

biskotë
cookies

gjalp
butter

gjizë
curd

tortë
cake

vezë
egg

vezë sy
fried egg

djathë
cheese

akullore

ice cream

sheqer

sugar

mjaltë

honey

marmaladë

jelly

çokokrem

nougat cream

këri

curry

shtëpi fermë
farm house

deng bari
straw bale

hangar
barn

fushë
field

kal
horse

rimorkio
trailer

kërriç
foal

traktor
tractor

gomar
donkey

qengj
lamb

dele
sheep

dhi
goat

lopë
cow

viç
calf

derr
pig

derrkuc
piglet

dem
bull

patë

goose

rosë

duck

zog pule

chick

pulë

hen

gjel

cockerel

mi

rat

mace

cat

mi

mouse

buall

ox

qen

dog

kolibe qeni

dog house

zorrë vaditëse

garden hose

vaditëse

watering can

kosë

scythe

plug

plow

drapër

sickle

shat

hoe

kosa

pitchfork

sëpatë

axe

karrocë

pushcart

govatë

trough

bidon qumështi

milk can

thes

sack

gardh

fence

ahur

stable

serë

greenhouse

dhe

soil

farë

seed

pleh

fertilizer

autokombanjë

combine harvester

korr

harvest

te korrat

harvest

patate e ëmbël "Yam"

yams

grurë

wheat

soja

soya

patate

potato

misër

corn

raps

rapeseed

pemë frutore

fruit tree

zhardhok manioku

manioc

drithëra

grain

oxhak
chimney

çati
roof

shkarkues uji
downspout

dritare
window

garazh
garage

zile e derës
doorbell

derë
door

kosh plehërash
trash can

kuti postare
mailbox

kopësht
garden

dhomë ndenjeje

living room

tualet

bathroom

kuzhinë

kitchen

dhomë gjumi

bedroom

dhomë fëmijësh

kids room

dhomë ngrënieje

dining room

dysheme

floor

mur

wall

tavan

ceiling

bodrum

cellar

sauna

sauna

ballkon

balcony

tarracë

terrace

pishinë

pool

kositëse bari

lawn mower

çarçaf

sheet

kuvertë

bedspread

krevat

bed

fshesë dore

broom

kovë

bucket

çelës

switch

tapiceri
wallpaper

fotografi
picture

llambë
lamp

raft
shelf

dollap
cabinet

vatër
fireplace

pajisje televizive
television

lule
flower

jastëk
cushion

divan
sofa

vazo
vase

telekomandë
remote control

qilim
carpet

perde
drape

tavolinë
table

karrige
chair

karrige lëkundëse
rocking chair

kolltuk
armchair

libri

book

batanije

blanket

zbukurime

decoration

dru zjarri

firewood

film

film

stereo

stereo system

çelës

key

gazetë

newspaper

pikturë

painting

afishe

poster

radio

radio

bllok shënimesh

notebook

fshesë me korent

vacuum cleaner

kaktus

cactus

qiri

candle

frigorifer
fridge

mikrovalë
microwave oven

peshore kuzhine
kitchen scales

detergjent
laundry detergent

toster
toaster

furrë
stove

ngrirës
freezer

kosh plehërash
trash can

lavastovilje
dishwasher

sobë
....
cooker

tenxhere
....
pot

tenxhere me kapak
....
cast-iron pot

tigan special (Wok)
....
wok / kadai

tigan
....
pan

çajnik
....
kettle

tenxhere me avull

steamer

tavë pjekjeje

baking tray

enë

crockery

filxhan

mug

tas

bowl

shkopinj

chopsticks

garuzhde

ladle

spatul

spatula

tel kuzhine

whisk

kulluese

strainer

sitë

sieve

rende

grater

havan

mortar

skarë

barbecue

zjarr

fireplace

dërrasë për prerje

chopping board

okllai

rolling pin

heqëse tapash

corkscrew

kanaçe

can

hapëse kanaçeje

can opener

rrobë për të kapur tenxheren

oven cloth

lavaman

sink

furçë

brush

sfungjer

sponge

përzjerës

blender

ngrirës

deep freezer

biberon për lëngje

baby bottle

rubinet

tap

ngrohje
heating

dush
shower

peshqirë
towel

perde dushi
shower curtain

vaskë me shkumë
bubble bath

vaskë
bathtub

gotë
glass

lavatriçe
washing machine

pllaka
tiles

rubinet
tap

oturak
potty

lavaman
sink

tualet

toilet

WC e sheshtë

squat toilet

bide

bidet

tualet publik

urinal

letër higjienike

toilet paper

furçe për WC

toilet brush

furçë dhëmbësh

toothbrush

pastë dhëmbësh

toothpaste

fije dentare

dental floss

laj

wash

dorezë dushi

hand shower

larës për zonën intime

douche

legen

basin

furçë për masazh shpine

back brush

sapun

soap

shampo trupi

shower gel

shampo

shampoo

leckë pastruese

flannel

kullues

drain

krem

creme

antidjersë

deodorant

tualet - bathroom

pasqyrë

mirror

pasqyrë dore

hand mirror

brisk rroje

razor

shkumë rroje

shaving foam

locion pas rrojes

aftershave

krehër

comb

furçë

brush

tharëse flokësh

hair-dryer

llak për flokët

hairspray

grim

makeup

buzëkuq

lipstick

manikyr

nail varnish

mbushje pambuku

cotton wool

gërshërë për thonj

nail scissors

parfum

perfume

çantë për sendet personale

washbag

Stol

stool

peshore

weighing scales

robëdëshambër

bathrobe

dorashka gome

rubber gloves

tampon

tampon

peceta higjienike

sanitary towel

tualet I lëvizshëm

chemical toilet

orë me zile
alarm clock

lodra me pellushë
cuddly toy

makinë lodër
toy car

rraketake
rattle

shtëpi kukullash
doll's house

dhuratë
present

tollumbace

balloon

krevat

bed

karrocë fëmijësh

stroller

lojë me letra

deck of cards

bashkim pjesësh me figura

jigsaw

komik

comic

formuese lodër
....
lego bricks

kuba plastikë
....
toy blocks

lodra
....
action figure

badi
....
romper suit

frizbi
....
frisbee

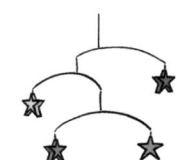

lodra të varura tek krevati i fëmijëve
....
mobile

tavolinë lojërash
....
board game

zare
....
dice

model treni
....
model train set

biberon
....
pacifier

festë
....
party

libër me ilustrime
....
picture book

top
....
ball

kukull
....
doll

luaj
....
play

grumbull rëre

sandpit

kolovarëse

swing

lodra

toys

leva për lojra video

video game console

triçikël

tricycle

arush prej pellushi

teddy bear

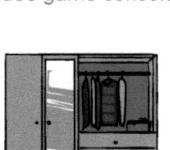

garderobë

wardrobe

veshje
clothing

çorape

socks

çorape të gjata

stockings

geta

tights

shall
scarf

çadër
umbrella

rrip
belt

bluzë pa jakë
t-shirt

çizme
boots

pantofla
slippers

atlete
sneakers

sandale
sandals

këpucë
shoes

çizme llastiku
rubber boots

të mbathura
underwear

reçipeta
bra

kanotierë
undershirt

trup

body

pantallona

pants

xhinse

jeans

fund

skirt

bluzë

blouse

këmishë

shirt

pulovër

pullover

triko

sweater

xhaketë

blazer

xhaketë

jacket

pallto

coat

mushama shiu

raincoat

kostum

costume

fustan

dress

fustan nusërie

wedding dress

kostum

suit

këmishë nate

nightgown

pizhama

pajamas

sari (veshje tradicionale indiane)

sari

shami koke

headscarf

çallmë

turban

veshje për femrat e besimit musliman

burka

kaftan (lloj veshjeje tradicionale)

kaftan

ferexhe

abaya

kostum banje

swimsuit

rroba banje

trunks

pantallona të shkurtra

shorts

tuta sporti

tracksuit

përparëse

apron

dorashka

gloves

kopsë

button

syze

glasses

byzylyk

bracelet

gjerdan

necklace

unazë

ring

vath

earring

kapuç

cap

varëse për pallto

coat hanger

kapele

hat

kravatë

tie

zinxhir

zip

helmetë

helmet

tiranda

braces

uniformë shkolle

school uniform

uniformë

uniform

gushore

bib

biberon

pacifier

pelenë

diaper

server
server

skedar
filing cabinet

printer
printer

letër
paper

ekran
monitor

maus
mouse

tavolinë
desk

dosje
folder

tastierë
keyboard

kosh letrash
waste-paper basket

karrige
chair

kompjuter
computer

filxhan kafeje

coffee mug

makinë llogaritëse

calculator

internet

internet

kompjuter portativ

laptop

letër

letter

mesazh

message

telefon

cell phone

rrjet

network

fotokopje

photocopier

program

software

telefon

telephone

prizë

plug socket

pajisje faksi

fax machine

formular

form

dokument

document

blej
buy

paguaj
pay

tregtoj
trade

para
money

 USD

dollar
dollar

 EUR

euro
euro

 JPY

jen
yen

 RUB

rubla
rouble

 CHF

franga zvicerane
Swiss franc

 CNY

juani kinez
renminbi yuan

 INR

rupje
rupee

bankomat
cash point

pikë këmbimi valutor

currency exchange office

ar

gold

argjend

silver

nafta

oil

energji

energy

çmim

price

kontratë

contract

taksë

tax

aksione

stock

punoj

work

punonjës

employee

punëdhënës

employer

fabrikë

factory

dyqan

shop

ekonomi - economy

oficer policie
police officer

zjarrfikës
fireman

kuzhinier
cook

mjek
doctor

pilot
pilot

kopshtar

gardener

marangoz

carpenter

rrobaqepëse

seamstress

gjykatës

judge

kimist

chemist

aktor

actor

shofer autobuzi

bus driver

taksist

taxi driver

peshkatar

fisherman

pastruese

cleaning lady

riparues çatish

roofer

kamarier

waiter

gjuetar

hunter

piktor

painter

furrxhi

baker

elektriçist

electrician

ndërtues

builder

inxhinier

engineer

kasap

butcher

hidraulik

plumber

postieri

postman

ushtar

soldier

arkitekt

architect

arkëtar

cashier

luleshitës

florist

berber

hairdresser

kontrollor

conductor

mekanik

mechanic

kapiten

captain

dentist

dentist

shkencëtar

scientist

rabin

rabbi

imam

imam

murg

monk

klerik

pastor

çekiç
hammer

kaçavidë
screwdriver

pinca
pliers

çelës mekanik
wrench

elektrik dore
torch

ekskavator
excavator

kuti veglash
toolbox

shkallë
ladder

sharrë
saw

gozhdë
nails

trapan
drill

riparoj

repair

lopatë

shovel

Dreq!

Damn!

kaci

dustpan

kuti boje

paint can

vidhë

screws

instrumenta muzikorë
musical instruments

bateri
drum set

altoparlant
loud speaker

kitare
guitar

kontrabas
double bass

trompë
trumpet

piano

piano

violinë

violin

bas

bass

tamburë

timpani

daulle

drums

tastierë pianoje

keyboard

saksofon

saxophone

flaut

flute

mikrofon

microphone

tigër
tiger

hyrje
entrance

kafaz
cage

zebër
zebra

ushqim për kafshë
animal feed

panda
panda

kafshë
animals

elefant
elephant

kangur
kangaroo

rinoceront
rhino

gorillë
gorilla

ari
bear

deve

camel

struc

ostrich

luan

lion

majmun

monkey

flamingo

flamingo

papagall

parrot

ari polar

polar bear

pinguin

penguin

peshkaqen

shark

pallua

peacock

gjarpër

snake

krokodil

crocodile

punonjës i kopshtit zoologjik

zookeeper

fokë

seal

xhaguar

jaguar

poni

pony

leopard

leopard

hipopotam

hippo

gjirafë

giraffe

shqiponjë

eagle

derr i egër

boar

peshk

fish

breshkë

turtle

lopë deti

walrus

dhelpër

fox

gazelë

gazelle

futboll amerikan
American football

çiklizëm
cycling

tenis
tennis

basketboll
basketball

not
swimming

boks
boxing

hokej mbi akull
ice hockey

futboll	badminton	atletikë
soccer	badminton	athletics

hendboll	ski	polo
handball	skiing	polo

qesh
laugh

hidhem
jump

përqafoj
hug

eci
walk

këndoj
sing

ëndërroj
dream

lutem
pray

puth
kiss

shkruaj

write

vizatoj

draw

tregoj

show

shtyj

push

jap

give

marr

take

kam

have

bëj

do

jam

be

qëndroj

stand

vrapoj

run

tërheq

pull

hedh

throw

bie

fall

shtrihem

lie

pres

wait

mbaj

carry

ulem

sit

vishem

get dressed

fle

sleep

zgjohem

wake up

shikoj

look at

qaj

cry

përkëdhel

stroke

kreh

comb

bisedoj

talk

kuptoj

understand

kërkoj

ask

dëgjoj

listen

pi

drink

ha

eat

sistemoj

tidy up

dashuroj

love

gatuaj

cook

drejtoj makinën

drive

fluturoj

fly

lundroj

sail

llogaris

calculate

lexoj

read

mësoj

learn

punoj

work

martohem

marry

qep

sew

laj dhëmbët

brush teeth

vras

kill

tymos

smoke

dërgoj

send

gjyshe
grandmother

gjysh
grandfather

baba
father

nënë
mother

bebe
baby

vajzë
daughter

djalë
son

mysafir

guest

teze, hallë

aunt

dajë, xhaxha

uncle

vëlla

brother

motër

sister

balli
forehead

syri
eye

shpatulla
shoulder

gishti
finger

fytyra
face

mjekra
chin

dora
hand

krahërori
breast

këmba
leg

krahu
arm

bebe
baby

burrë
man

grua
woman

vajzë
girl

djalë
boy

koka
head

shpina

back

barku

belly

kërthiza

navel

gisht këmbe

toe

Thembra

heel

kockë

bone

legeni

hip

gjuri

knee

bërryli

elbow

hunda

nose

vithe

buttocks

lëkura

skin

faqja

cheek

veshi

ear

buza

lip

trupi - body

goja

mouth

dhëmbët

tooth

gjuha

tongue

truri

brain

zemra

heart

muskul

muscle

mushkëria

lung

mëlçia

liver

stomaku

stomach

veshka

kidneys

seks

sex

prezervativ

condom

veza

ovum

sperma

semen

shtatëzani

pregnancy

menstruacione
menstruation

vagina
vagina

penis
penis

vetulla
eyebrow

flokët
hair

qafa
neck

trupi - body

71

spital
hospital

ambulanca
ambulance

karrige me rrota
wheelchair

thyerje
fracture

mjek
doctor

sallë urgjencash
emergency room

infermiere
nurse

emergjencë
emergency

i pandërgjegjshëm
unconscious

dhimbje
pain

dëmtim

injury

gjakosje

bleeding

infarkt

heart attack

goditje

stroke

alergji

allergy

kolla

cough

ethe

fever

grip

flu

diarre

diarrhea

dhimbje koke

headache

kancer

cancer

diabet

diabetes

kirurg

surgeon

bisturi

scalpel

operacion

operation

CT (skaner)
CT

radiografi
x-ray

ultratingull
ultrasound

maskë fytyre
face mask

sëmundje
disease

dhomë pritjeje
waiting room

paterica
crutch

leukoplast
plaster

fasho
bandage

injeksion
injection

stetoskop
stethoscope

barelë
stretcher

termometër
clinical thermometer

lindje
birth

mbipeshë
overweight

aparat dëgjimi

hearing aid

dezinfektant

disinfectant

infeksion

infection

virus

virus

HIV / AIDS

HIV / AIDS

mjekësi, mjekim

medicine

vaksinim

vaccination

tableta

tablets

pilulë

pill

telefonatë emergjence

emergency call

aparat tensioni

blood pressure monitor

i sëmurë / i shëndetshëm

ill / healthy

Ndihmë!

Help!

alarm

alarm

sulm

assault

atak

attack

rrezik

danger

dalje emergjence

emergency exit

Zjarr!

Fire!

fikëse zjarri

fire extinguisher

aksident

accident

kuti e ndimës së shpejtë

first-aid kit

SOS

SOS

policia

police

Europa

Europe

Amerika e Veriut

North America

Amerika e Jugut

South America

Afrika

Africa

Azia

Asia

Australia

Australia

Atlantiku

Atlantic

Paqësori

Pacific

Oqeani Indian

Indian Ocean

Oqeani Antarktik

Antarctic Ocean

Oqeani Arktik

Arctic Ocean

Poli i veriut

North pole

Poli i Jugut

South pole

Antarktida

Antarctica

toka

earth

tokë

land

det

sea

ishull

island

komb

nation

shtet

state

fusha e orës

clock face

akrepi i orës

hour hand

akrepi i minutave

minute hand

akrepi i sekondave

second hand

Sa është ora?

What time is it?

ditë

day

kohë

time

tani

now

orë dixhitale

digital watch

minutë

minute

orë

hour

e hënë / Monday
e mërkurë / Wednesday
e premte / Friday
e shtunë / Saturday
e martë / Tuesday
e enjte / Thursday
e diel / Sunday

dje

yesterday

sot

today

nesër

tomorrow

mëngjes

morning

mesditë

noon

mbrëmje

evening

ditë pune

workdays

fundjavë

weekend

shi
rain

ylber
rainbow

borë
snow

erë
wind

pranverë
spring

vjeshtë
fall

verë
summer

dimër
winter

4.APRIL	11°	☀
5.APRIL	4°	⛅
6.APRIL	13°	⛅
7.APRIL	8°	❄
8.APRIL	10°	☀

parashikimi i motit

weather forecast

termometër

thermometer

ndriçim dielli

sunshine

re

cloud

mjegull

fog

lagështi

humidity

vetëtima

lightning

gjëmim

thunder

stuhi

storm

breshër

hail

muson

monsoon

përmbytje

flood

akull

ice

janar

January

shkurt

February

mars

March

prill

April

maj

May

qershor

June

korrik

July

gusht

August

shtator
September

tetor
October

nëntor
November

dhjetor
December

forma
shapes

rreth
circle

katror
square

drejtkëndësh
rectangle

trekëndësh
triangle

sferë
sphere

kub
cube

e bardhë

white

e verdhë

yellow

portokalli

orange

rozë

pink

e kuqe

red

vjollcë

purple

blu

blue

e gjelbër

green

kafe

brown

gri

gray

e zezë

black

shumë / pak

a lot / a little

i nevrikosur / i qetë

angry / calm

i bukur / i shëmtuar

beautiful / ugly

fillim / fund

beginning / end

i madh / i vogël

big / small

i ndritshëm / i errët

bright / dark

vëlla / motër

brother / sister

e pastër / e pistë

clean / dirty

e plotë / jo e plotë

complete / incomplete

ditë / natë

day / night

gjallë / vdekur

dead / alive

i gjerë / i ngushtë

wide / narrow

i ngrënshëm / i
pangrënshëm

edible / inedible

i keq / i këndshëm

evil / kind

i lumtur / i mërzitur

excited / bored

i shëndoshë / i dobët

fat / thin

e para / e fundit

first / last

mik / armik

friend / enemy

plot / bosh

full / empty

e fortë / e butë

hard / soft

e rëndë / e lehtë

heavy / light

uri / etje

hunger / thirst

i sëmurë / i shëndetshëm

ill / healthy

e paligjshme / e ligjshme

illegal / legal

i zgjuar / budalla

intelligent / stupid

majtas / djathtas

left / right

afër / larg

near / far

e re / e përdorur

new / used

asgjë / diçka

nothing / something

i moshuar / i ri

old / young

ndezur / fikur

on / off

hapur / mbyllur

open / closed

i qetë / i zhurmshëm

quiet / loud

i pasur / i varfër

rich / poor

e drejtë / e gabuar

right / wrong

i ashpër / i butë

rough / smooth

i mërzitur / i lumtur

sad / happy

i shkurtër / i gjatë

short / long

ngadalë / shpejt

slow / fast

i lagësht / i thatë

wet / dry

ngrohtë / freskët

warm / cool

luftë / paqe

war / peace

0

zero

zero

1

një

one

2

dy

two

3

tre

three

4

katër

four

5

pesë

five

6

gjashtë

six

7

shtatë

seven

8

tetë

eight

9

nentë

nine

10

dhjetë

ten

11

njëmbëdhjetë

eleven

12
dymbëdhjetë

twelve

13
trembëdhjetë

thirteen

14
katërmbëdhjetë

fourteen

15
pesëmbëdhjetë

fifteen

16
gjashtëmbëdhjetë

sixteen

17
shtatëmbëdhjetë

seventeen

18
tetëmbëdhjetë

eighteen

19
nentëmbëdhjetë

nineteen

20
njëzetë

twenty

100
qind

hundred

1.000
mijë

thousand

1.000.000
milion

million

anglisht

English

anglishte amerikane

American English

kinezisht mandarin

Chinese Mandarin

hindi

Hindi

spanjisht

Spanish

frëngjisht

French

arabisht

Arabic

rusisht

Russian

portugalisht

Portuguese

bengalisht

Bengali

gjermanisht

German

japonisht

Japanese

unë

I

ti

you

ai / ajo

he / she / it

ne

we

ju

you

ata

they

kush?

who?

çfarë?

what?

si?

how?

ku?

where?

kur?

when?

emër

name

pas

behind

në

in

përballë

in front of

sipër

over

mbi

on

poshtë

under

pranë

beside

midis

between

vend

place